AF460896

DE L'IMPORTANCE

DU PORT

DE LA VILLETTE,

PAR JEAN-BAPTISTE SAY,

AUTEUR DU TRAITÉ D'ÉCONOMIE POLITIQUE, MEMBRE HONORAIRE DU CERCLE DU COMMERCE DE PARIS, etc.

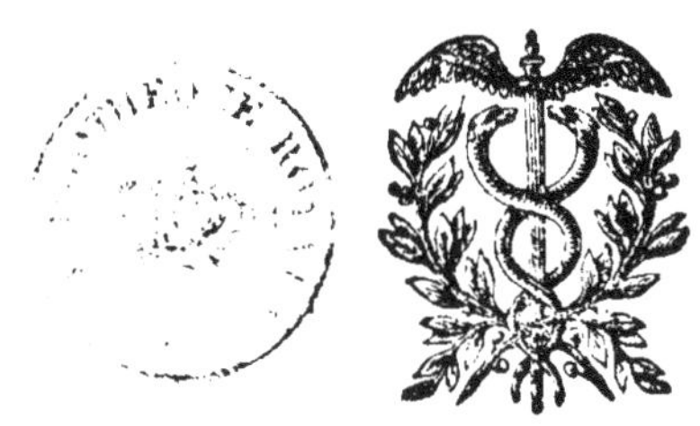

PARIS,

CHEZ DÉTERVILLE, LIBRAIRE, RUE HAUTEFEUILLE, N°. 8.

FÉVRIER 1818.

DE L'IMPRIMERIE D'ÉVERAT, RUE DU CADRAN, N°. 16.

DE L'IMPORTANCE
DU PORT
DE LA VILLETTE.

A quelques toises des barrières de Paris, du côté du nord, il existe un port qui approche en grandeur du bassin de Londres, (1) et qui l'excède en beauté. Nous pourrions voir ce port couvert d'embarcations et entouré de magasins. Les productions des deux mondes pourraient y arriver par le Hâvre et Rouen; là pourraient se rendre, par l'Oise, l'Aisne, le canal de Saint-Quentin et l'Escaut, tous les produits des provinces Belgiques et des départemens du nord : des charbons de terre, des bois de chauffage et de construction, des huiles et une

(1) Le bassin de La Villette sur une longueur de 700 mètres et une largeur de 70, présente 49,000 mètres de superficie. Le bassin de Londres (*London Dock*) a 375 mètres sur 228.

foule d'autres denrées nécessaires à la consommation de nos fabriques et de nos maisons.

Les quais qui entourent ce Port, pourraient être remplis d'une population animée, encombrés de ballots, de portefaix, de charrettes; on y respirerait ce parfum qu'exhalent les denrées équinoxiales; on y entendrait ce bourdonnement confus, signe d'une active industrie, précurseur de l'abondance et de la richesse.

Par quelle fatalité le bassin de la Villette, au lieu d'un pareil spectacle, n'offre-t-il qu'une nappe d'eau inutile et déserte, un but de promenade à quelques désœuvrés, un point de vue à deux ou trois guinguettes!

Faudrait-il donc bien des millions pour réaliser ce tableau magique? Non : une couple de millions suffiraient.

Faudrait-il bien années? Il en faudrait deux.

Pourquoi donc aux portes d'une des plus grandes, des plus belles, des plus riches villes du monde, au centre d'un royaume comme la France, est-on arrêté par des travaux qui n'exigent que deux années et deux millions? C'est ce qui mérite d'être examiné.

On se rappelle que le bassin de la Villette est le réservoir où doivent se rendre les petites rivières de la Beuvronne et de l'Ourcq. En même temps qu'il doit fournir des eaux abondantes aux fontaines de Paris, il est destiné à alimenter deux canaux de navigation : l'un, sous le nom de *Canal Saint-Martin*, doit se rendre dans la Seine, par les fossés de l'Arsenal ; et l'autre, le *Canal Saint-Denis*, doit rejoindre ce fleuve au-dessus de la Briche.

Par leur réunion, non-seulement les bateaux qui descendent et ceux qui remontent la Seine, pourront franchir Paris sans danger, mais les approvisionnemens que nous apportent la haute et la basse Seine et ses affluents l'Yonne, la Marne, l'Oise, et même la Loire, la Somme et l'Escaut, pourront commodément se déposer sur leurs bords.

On sait encore que ce grand projet, auquel on travaille constamment, n'est pas achevé. Il n'arrive encore, au bassin de la Villette, que les eaux de la Beuvronne, qui ne sont pas suffisantes pour alimenter les deux canaux d'embranchement et les fontaines de la capitale. Il faut de plus, pour cette triple consommation, les eaux de l'Ourcq qu'il s'agit de prendre à quinze lieues de Paris, au-dessus de Meaux ; et quoique les travaux qui doivent amener cette rivière, soient fort avancés ; quoiqu'ils se poursuivent avec autant d'activité que le permettent les finances de la ville de Paris ; quoique le zèle et le talent des ingénieurs des ponts et chaussées, secondent puissamment les désirs de l'Administration, l'Ourcq n'est pas encore à la veille d'arriver; le *Canal Saint-Martin* n'est pas commencé; la plupart des terrains même, sont encore à acquérir (1).

Mais si des lenteurs sont inévitables dans l'exécution entière du plan, pourquoi ne pas jouir dès à présent des parties dont l'achèvement est facile, et qui sont peut-être les plus importantes? Avons-nous attendu l'arrivée de la rivière d'Ourcq pour verser de l'eau dans ces belles fontaines de Paris, auprès desquelles l'étranger se fait conduire dès les premières heures de son arrivée, et qu'il ne peut se lasser de contempler? Les eaux de la Beuvronne, qui arrivent actuellement à la Villette, excèdent en quantité l'eau que réclament nos nouvelles fontaines. Elles peuvent en outre fournir à la consommation et à la navigation du canal de Saint-Denis.

---

(1) On pourrait toujours, sans de grandes dépenses, terminer la place de la Bastille d'après les plans adoptés, et restituer à la Capitale une de ses plus belles avenues. L'état de dégradation de cet emplacement, les eaux croupissantes des fossés de l'Arsenal, l'étranglement qui gêne la communication du faubourg Saint-Antoine avec le corps de la ville, les travaux d'une statue colossale qui ne peuvent s'achever, tout déshonore un quartier qui pourrait être magnifique.

Ce canal est creusé dans toute sa longueur ; les travaux qui restent à faire pour le mettre en activité, sont quelques travaux d'art (des ponts et des écluses) dont l'exécution ne présente aucune difficulté, dont la conduite tient aux procédés les plus connus, et dont la surveillance est facile à cause de leur proximité.

Peut-on, sans quelque regret, voir les vastes terrains qu'occupe déjà ce canal, ravis à l'agriculture sans être donnés au commerce ? Le voyageur qui arrive du Nord par les routes du Bourget, de Saint-Denis, de Clichy, que pense-t-il en voyant ces avenues de la Capitale coupées par des tranchées, surchargées par des remparts de terre, comme si l'on attendait encore l'ennemi ? Est-ce l'incurie de l'administration qu'il accuse ? Est-ce l'inconséquence de la nation, ou son indigence ?

Il me semble que si, au lieu de ces traces de bouleversement, toujours fâcheuses par les réflexions qu'elles font naître, on rencontrait des ponts solides qui laisseraient circuler le commerce et l'abondance par-dessous comme par-dessus leurs voûtes ; que si, au lieu de ces eaux qui croupissent dans des fossés qui ont coûté beaucoup à creuser (et que le temps travaille à combler si nous n'y prenons garde) on voyait des portes d'écluses, dans leur perpétuelle activité, attirer vers Paris les denrées nécessaires à son énorme consommation, et ouvrir aux produits de son active industrie un facile écoulement, il me semble, dis-je, que la vanité nationale (sentiment louable quand il ne se complaît pas dans un vain faste ou dans l'humiliation d'un ennemi), aurait lieu d'être plus satisfaite. Des travaux abandonnés, qui ont de l'inconvénient partout, en ont davantage encore sur une route presqu'aussi fréquentée que la rue Saint-Honoré elle-même. Je suis importuné de ces remarques qui se renouvellent trois ou quatre cents fois par jour sur un grand travail entrepris durant une administration précédente, et que l'administration régnante ne trouve pas les moyens d'achever.

Et d'ailleurs, le moment présent ne doit pas seul absorber toute notre attention. Quand on ne sait constater ni d'où l'on vient, ni où l'on va, on est perpétuellement dominé par les événemens dont on pourrait se rendre maître.

Il est un fait qu'on n'a peut-être pas assez remarqué. A la suite et par l'effet de nos guerres, un grand changement s'est opéré en France dans la marche et les habitudes du commerce. Une interruption presque totale de communications maritimes, pendant vingt-deux années, a refoulé pour ainsi dire l'industrie dans l'intérieur; et c'était une industrie plus active que jamais, une industrie favorisée par les étonnans progrès des sciences et par les besoins toujours croissans des consommateurs; car la fièvre des révolutions et des conquêtes n'est pas de ces maladies qui commandent la diète.

En même temps que Paris devenait une ville de manufacture, il devenait une ville d'entrepôt. Dunkerque et Bordeaux, Marseille et Rouen ne pouvant plus communiquer ensemble par mer, ont communiqué par Paris. Les denrées d'outre-mer sont arrivées par terre. Tout se rendait au centre de ce vaste pays, et du centre se répandait aux extrémités. C'est ce que peuvent attester les nombreuses maisons de commission qui se sont élevées dans Paris, et les vastes magasins qu'elles ont fait construire. C'est ce que confirme cette multitude de maisons de roulage qui se montrent dans presque tous nos quartiers.

L'augmentation de la population de Paris est une nouvelle preuve des progrès de son importance commerciale. M. Necker, en 1784, portait cette population à 640 ou 680 mille habitans, suivant la saison de l'année. Arthur Young, en 1789, croyait cette évaluation exagérée; et en effet les relevés faits en 1790, sous l'Assemblée Constituante, ne donnèrent qu'une population de 550,800 habitans : et voilà qu'un recensement qui vient d'être fait, la porte à 713,765 habitans.

Il était reconnu en 1789, par les autorités de l'époque, que la consommation journalière de farine dans cette grande ville, était de 1500 sacs de 325 livres chaque (1). Elle s'élève aujourd'hui à 1860 sacs du même poids, quoique l'on fasse usage, dans la classe indigente, d'une beaucoup plus grande variété d'alimens, et que la consommation des pommes de terre, notamment, ait quadruplé. Aussi, les personnes âgées et judicieuses remarquent-elles que les rues de Paris sont plus embarrassées de piétons et de charrettes qu'autrefois; et les magistrats préposés à cette partie de la police, conviennent que les accidens qui en résultent, sont aussi plus fréquens qu'à aucune époque antérieure. Le nombre des fiacres n'était que d'environ neuf cents ; il n'y avait point de cabriolets de place. Actuellement le nombre des uns et des autres s'élève à deux mille quatre cents environ.

Les habitans de ces vastes quartiers qui ont été bâtis au nord de Paris dans une ceinture d'une demi-lieue de large, et de près de deux lieues de lon-

(1) Arthur Young : Voyage en France, tome I, page 486 de l'édition anglaise.

gueur, viennent se croiser au centre de cette grande ville, dans des rues faites du temps de Philippe-Auguste, pour une population de cent mille habitans, et lorsque le nom même de carrosse et de cabriolet était inconnu.

Or, ce grand accroissement de population, la consommation qui l'accompagne, l'activité commerciale qui en est à la fois et la cause et la conséquence, sont principalement alimentés par le roulage. Une multitude de charrettes et de chevaux encombrent et fatiguent les approches de la capitale ; tandis que la solitude de la Seine, au-dessus et au-dessous de Paris, est rarement troublée par aucune navigation. Quant aux canaux, il n'y en a point à vingt lieues à la ronde.

Cependant le roulage n'appartient pas, pour les grandes communications et pour les approvisionnemens considérables, à un état aussi avancé que le nôtre ; les progrès, dans l'industrie commerciale, comme dans toutes les autres industries, consistent à obtenir les mêmes avantages à moins de frais, ou, ce qui revient exactement au même, de plus grands avantages avec les mêmes frais. Les produits en sont moins chers ; dès-lors, ils sont plus généralement consommés, plus activement reproduits. La navigation intérieure doit remplacer le roulage, comme celui-ci a remplacé le transport à dos de mulet. Une bête de somme transporte sur son dos quatre à cinq quintaux : une fois qu'elle est attelée à une charrette, elle en traîne vingt; attelée à un bateau, elle en mène plus de soixante. Dans les lieux où il y aura disette absolue d'eau pour alimenter des canaux, on fera plus tard des chemins de fonte qui, sans avoir toute l'économie des canaux, l'emporteront en beaucoup d'endroits sur le roulage ordinaire. Un temps viendra peut-être où la charge de nos plus lourds chariots sera conduite au trot par deux chevaux, sur les mêmes routes où elles se traîne aujourd'hui, péniblement cahotée, par six ou huit chevaux, aidés de violens coups de fouet non moins outrageans pour nos oreilles et notre sensibilité que pour la peau de ces malheureux animaux.

Au point où nous en sommes, il faut donc que les canaux de navigation se multiplient. Voilà le but: où sont les moyens? Le grand art en économie politique, quelque puissant qu'on soit, n'est pas de dire : *Je veux*. Les obstacles qui naissent de la volonté et des facultés des hommes, sont, dans beaucoup de cas, tout aussi insurmontables que ceux que nous oppose la nature; ou plutôt ce sont des obstacles naturels aussi bien que les autres.

Bonaparte, condamnant au bûcher, sur nos places publiques, les marchandises d'Angleterre, n'était pas, aux yeux du philosophe, moins insensé que Xercès, qui faisait fouetter la mer parce qu'elle avait eu l'insolence de submerger ses vaisseaux.

Plusieurs moyens se présentent de favoriser la multiplication des canaux de navigation. Peut-être les examinerai-je quelque jour en détail. Peut-être trouverai-je que le système des petits canaux qui consomment peu d'eau et détruisent peu de culture, est le seul qui puisse se répandre généralement; que les grands bateaux, dont le chargement et le déchargement durent long-temps, qui éprouvent et qui causent des accidens toujours graves et difficiles à réparer, doivent être remplacés par de longs trains de petits bateaux enchaînés les uns aux autres comme les anneaux d'un serpent; peut-être montrerai-je en même temps que rien ne peut se faire d'une manière générale par les mains de l'administration, qui ne peut avoir ni les capitaux, ni la diligence, ni l'économie, des entrepreneurs particuliers; que pour que les entrepreneurs particuliers osent employer de gros capitaux dans des entreprises, il faut que leurs droits puissent être soutenus par la justice contre l'administration elle-même, et que les premières autorités de l'État viennent échouer devant celle d'un juge de paix. On voit qu'il nous reste beaucoup à faire; mais le temps est un grand magicien, et quand on l'appelle à son aide, il ne faut désespérer de rien.

L'essentiel est de commencer par un bout; un peu plutôt, un peu plus tard, on parvient à l'autre. Une première entreprise en provoque une seconde; rien n'est contagieux comme le succès. Un canal qui réussira en enfantera trois autres; ceux-ci donneront naissance à une douzaine, et ainsi de suite. Les talens ne nous manquent en aucun genre; la nature nous seconde presque partout; un élan général vers les progrès industriels nous favorise. Le canal de Saint-Denis, dont l'exécution est devenue facile, serait, dès à présent, un très-bon exemple à donner. Il nous rapprocherait de six lieues de la mer; c'est déjà quelque chose. Le canal de Pontoise, reconnu praticable par les gens de l'art, ne tarderait pas à s'exécuter. Voilà encore six lieues de gagnées, et les grands détours de la Seine, ses bas-fonds, ses machines de Marly sont franchis. Le canal de Dieppe, qui lie un autre port de mer avec Paris, reçoit à son tour un puissant encouragement. Son exécution devient assurée. Les produits de l'Oise, c'est-à-dire, ceux de l'Aisne, de la Somme et de l'Escaut, au lieu de faire le circuit de Conflans-

Sainte-Honorine, de Saint-Germain, de Marly, et d'y rencontrer et des dépenses et des dangers, arrivent par une route plus directe, plus prompte et plus sûre au port de la Villette. Cette facilité appelle de nouveaux approvisionnemens, ouvre de nouveaux débouchés, provoque de nouveaux perfectionnemens dans les canaux correspondans du Crozat, de Saint-Quentin, de Mons, et voilà un système de communications commerciales presqu'entièrement créé.

De l'embouchure de l'Oise jusqu'à Rouen, la navigation de la Seine, par un ensemble de canaux bien entendus, peut être rendue et plus courte et plus sûre, et praticable en toute saison. Il est véritablement honteux, qu'à portée de lumières de tous les genres et de capitalistes puissans, et en dépit des intérêts du commerce, la navigation de Rouen à Paris ait encore fait si peu de progrès, et qu'un bateau, pour franchir le court espace d'une de ces villes à l'autre, soit obligé de voyager pendant 25 jours, au prix d'une dépense de 2,500 à 3,000 fr.

Le canal de Saint-Denis entraîne *nécessairement* toutes ces améliorations, et, par un juste retour, il en profite et amène au port de la Villette, non-seulement la navigation *actuelle*, mais la navigation possible, et celle-ci n'a point de bornes.

Aux avantages d'une navigation plus courte, moins dangereuse, et moins dispendieuse, le port de la Villette en ajoute beaucoup d'autres qu'il tient de sa localité, et qui le rendront chaque jour plus fréquenté.

Maintenant, les bateaux qui surmontent les dégoûts que présente la navigation de la Seine, arrivent au quai d'Orsay, au port Saint-Nicolas. Sur ces bords, le commerce voudrait trouver des magasins: il n'y rencontre que des palais. Franchit-on ces palais, on ne trouve dans les quartiers Saint-Honoré, des Halles, de la Grève, que des maisons resserrées et des rues étroites; point de terrains pour servir de chantiers, pour y pratiquer des hangars; et partout des loyers trop chers pour former aucuns grands magasins.

Cependant il faut se hâter de débarquer ses marchandises; car les variations de la rivière en font une loi; et si, tandis que le déchargement se fait, une pluie, un dégel font craindre de grosses eaux, il faut vider les ports en toute hâte. On a plusieurs fois été forcé, dans l'espace d'une nuit, de débarrasser les ports, de remonter les marchandises sur les quais, non sans beaucoup de frais et d'avaries.

Des bords de l'eau, il faut toujours monter, quel que soit le quartier de Paris où l'on se dirige;

il faut circuler par des couloirs pleins d'encombremens ; et après avoir échappé aux accidens de la navigation, il faut s'exposer à des accidens d'un autre genre dans les rues de Paris.

Ce serait toute autre chose avec le port de la Villette : dans quelqu'endroit de Paris qu'on ait affaire, on trouve, partant de là, de belles avenues pour s'y rendre : le faubourg Saint-Denis, le faubourg Saint-Martin, celui du Temple. Les nouveaux boulevards conduisent à l'extrémité de toutes les grandes rues de Paris, et surtout à ce faubourg Saint-Antoine, qui seul est une ville de manufacture du premier ordre, où les bois de menuiserie et de marqueterie, ceux de teinture, les fers, les charbons de terre, sont perpétuellement appelés. Pour le transport de ces marchandises, il ne faut rouler qu'en descendant et par des chemins où les mêmes fardeaux sont conduits avec moitié moins de chevaux.

Toutes les extrémités de la ville qui avoisinent le port de la Villette, offrent de nombreux magasins et de vastes chantiers.

Les bords du canal, les quais du port, sont entourés de terrains où peuvent se former des entrepôts de toute espèce : entrepôts de houille, de bois de chauffage et de construction, de cotrets, de charbons de bois, de fourrages. Les bateaux peuvent

y déposer leur chargement, et repartir pour en prendre d'autres. Qu'on veuille bien comparer à cette facilité la patience que doivent avoir les entrepreneurs de navigation, qui font arriver ces grands bateaux de charbon que nous voyons accumulés autour du pont du Louvre et du pont Marie. On ne leur laisse pas commencer la vente de leur cargaison, jusqu'à ce que tous les bateaux leurs confrères, à tour de rôle, aient débité la leur tout entière; afin que, vidés successivement, ils puissent faire place à d'autres. Ces malheureux marchands attendent, de cette manière, quelques fois jusqu'à dix-huit mois, pour commencer leur vente! Or, qu'on prenne la peine de calculer ce que la perte de dix-huit mois d'intérêts, sur une marchandise prête pour la vente, ce que les frais de garde des bateaux, les droits de gare, les accidens possibles et la détérioration inévitable, doivent ajouter au prix d'un objet de commerce! Ce sont tous des frais qui n'ajoutent rien au mérite de la marchandise, des frais qui retombent sur le consommateur, sans profit pour le producteur.

D'autres motifs encore rendent précieux l'emplacement du port de la Villette.

Une administration dévorante et fiscale prononça le rétablissement des octrois des communes, et entoura chacune de nos villes, de nos bourgs et même de nos villages, d'une ligné de douaniers. Quoique ces droits soient assez modérés dans la plupart des lieux, leur répétition sur divers objets de consommation journalière, ne laisse pas, au bout de l'an, de grever le citadin d'une contribution beaucoup plus forte qu'il ne l'imagine, et qui ne figure pas sur le budget des dépenses publiques.

A Paris, cet impôt est très-considérable. Les dépenses communales de cette grande cité, l'obligation de verser une portion de ses revenus dans le trésor royal, ont exigé qu'on portât l'octroi municipal à un taux qui excède tout ce qu'il avait été jusqu'à présent. Les marchands, petits et gros, qui viennent vendre à Paris des objets de consommation, sont obligés d'en faire l'avance aux barrières, et n'obtiennent le remboursement de cette avance qu'ils font de l'impôt, qu'au moment de la vente souvent tardive de leurs produits. Elle est peu sensible, cette avance, sur les objets qu'on apporte chaque jour au marché par petites portions, mais elle est quelquefois gênante pour le marchand qui fait venir les denrées de plus loin, et par grosses parties, comme cela se pratique, par exemple, pour les charbons de terre. Il lui faut, dès lors, de plus gros capitaux, circonstance qui exclut toujours quelques personnes de la possibilité de faire ce commerce, et qui le rend plus difficile et plus dispendieux, c'est-à-dire, moins avantageux pour le producteur comme pour le consommateur. Si les marchands pouvaient former des dépôts hors des barrières, ils ne paieraient point d'octroi au moment où ils reçoivent leurs marchandises; ils n'en feraient entrer que ce qui serait nécessaire pour garnir leurs magasins de l'intérieur de Paris, et les produits de leurs ventes leur faciliteraient alors l'acquittement des droits.

Cette nécessité de faire l'avance de l'octroi, devenant intolérable pour les boissons qui supportent des droits bien plus forts que toutes les autres denrées, a déterminé l'établissement, dans Paris, d'un entrepôt où les vins et les eaux-de-vie arrivent sans payer les droits qu'ils n'acquittent dès-lors que successivement, en sortant de l'entrepôt pour se répandre dans la consommation. Mais un entrepôt intérieur serait impraticable pour des houilles, des bois de chauffage, des fagots, des fourrages. Il se place naturellement aux portes de Paris.

Les mêmes environs peuvent également servir d'entrepôts pour toutes les marchandises destinées à *passer debout*, c'est-à-dire, à poursuivre leur route au-delà de Paris, et qui, par conséquent, doivent éviter d'en payer les octrois. C'est ainsi que les villages de la Chapelle, de la Villette, servent déjà d'entrepôt à une foule de marchandises; mais seulement de celles qui arrivent par rouliers. Celles qui arrivent par la navigation sont presqu'entièrement privées de cet avantage, qui serait précieux pour les vins et les eaux-de-vie que la paix laisse maintenant arriver par mer du midi de la France, et dont une partie se distribue au-delà de Paris.

Or, tous ces dépôts formés autour du port de la Villette, entre les routes de Hollande, d'Allemagne et de Suisse, communiquant avec celles du midi par Charenton; ces dépôts, situés à portée des maisons de commerce de Paris, et sous leur surveillance immédiate, seraient placés dans le site le plus favorable.

Que serait-ce donc, si le Gouvernement, souscrivant enfin aux désirs du commerce de Paris, lui accordait l'*entrepôt réel* pour toute espèce de marchandises étrangères, c'est-à-dire, la faculté de n'en acquitter les droits de douane qu'au moment où leur destination est trouvée?

Cette question de l'entrepôt réel à Paris n'est pas encore jugée. L'équité veut qu'on pèse attentivement les raisons qu'y opposent les négocians des ports de mer. Mais si l'on venait à prouver que les ports de mer eux-mêmes doivent retirer un profit de toutes les facilités accordées au commerce en général ; si l'on venait à considérer Paris comme une position centrale, où les marchandises étrangères peuvent arriver avec facilité, et ensuite, par de belles routes, par une navigation encore imparfaite, mais susceptible de grands accroissemens, se distribuer avec la même aisance et dans la province et chez les nations du centre de l'Europe; si l'on parvenait à comprendre que les capitaux qui se trouvent amoncelés dans la capitale, seraient par-là susceptibles de procurer à l'esprit d'entreprise de nouveaux moyens de spéculation; alors peut-être la question de l'entrepôt à Paris se déciderait-elle affirmativement. Nos canaux, dans ce cas, amèneraient avec profusion, à nos portes, des denrées coloniales plus légères, puisqu'elles ne seraient pas encore grevées du fardeau de l'impôt.

Je me souviens qu'étant à Glascow, un ami me conduisit hors des faubourgs de la ville, du côté du nord. Nous prîmes un chemin qui montait. Après quelques circuits, et continuant toujours à monter, je levai les yeux par hasard, et fus surpris d'apercevoir, au sommet de la colline, une forêt de mâts. Je crus que c'était une illusion; et quand on m'eut affirmé que c'était véritablement un port, et que ce que je voyais sur cette colline étaient bien réellement des navires qui venaient de traverser l'Océan, je m'imaginai qu'on voulait abuser de ma crédulité. Nous continuâmes notre route, et à force de monter, nous arrivâmes au bord de l'eau. Là, je vis en effet le canal qui, au travers de l'Écosse, joint les deux mers; je vis de nombreux navires, des magasins, des charpentiers de vaisseaux, des matelots, tout ce qu'on voit dans un port de mer. Dès-lors, je n'ai cru à l'impossibilité de rien en ce genre; et maintenant je ne doute nullement de pouvoir à mon tour bientôt faire voir à un étranger un port sur les hauteurs de la Villette.

FIN.

www.ingramcontent.com/pod-product-compliance
Ingram Content Group UK Ltd.
Pitfield, Milton Keynes, MK11 3LW, UK
UKHW020410190726
13838UKWH00006B/2347

9 782329 359755